Índice

Rourke Educational Media
rourkeeducationalmedia.com

¿Puedes encontrar estas palabras?

ferrocarril

rotonda

venado

vía

Señales y símbolos de tránsito

Izquierda, derecha. Alto, siga.

Calle cerrada. Conduce despacio.

CALLE
CERRADA MÁS
ADELANTE
DESPACIO

Cruce de **ferrocarril**. Espera aquí.

ferrocarril

Límite de velocidad. Ten cuidado con los **venados**.

Curvas adelante. **Vía** para bicicletas.

Da vuelta a la rotonda.

ZONA
ESCOLAR

A donde quieras ir, habrá señales que debes conocer.

—¡Llegamos!

¿Encontraste estas palabras?

Cruce de **ferrocarril**.

Da vuelta a la **rotonda**.

Ten cuidado con los **venados**.

Vía para bicicletas.

Glosario fotográfico

ferrocarril: camino con dos rieles de hierro paralelos, sobre los cuales ruedan los trenes.

rotonda: un lugar donde el tráfico fluye en un círculo.

venado: un animal con cascos y cuernos que come plantas.

vía: un camino que tomas para ir de un lugar a otro.

Índice analítico

Sobre la autora

Lori Mortensen vive en el norte de California con su familia y su gato Max. Cuando no está escribiendo en su computadora, presta mucha atención a las señales de tránsito para llegar con seguridad a donde quiere ir, como por ejemplo, a la biblioteca, uno de sus lugares favoritos.

www.rourkeeducationalmedia.com

PHOTO CREDITS: Cover ©By MarkusBeck, Page 3 ©By Binksk, Page 4-5 ©Johnny Habell, Page 2,6,14,15 ©Laura Eisenberg, Page 2,7,14,15 ©HakuNellies, Page 2,8,14,15 ©By apiguide, Page 2,9,14,15 ©By Carolyn Franks, Page 10-11 ©By Tonktiti, Page 12-13 ©Tom Merton

Edición: Keli Sipperley
Diseño de la tapa: Kathy Walsh
Diseño interior: Rhea Magaro-Wallace
Traducción: Santiago Ochoa
Edición en español: Base Tres

Library of Congress PCN Data
Señales y símbolos de tránsito / Lori Mortensen
(Me pregunto)
ISBN (hard cover - spanish)(alk. paper) 978-1-64156-936-1
ISBN (soft cover - spanish) 978-1-64156-960-6
ISBN (e-Book - spanish) 978-1-64156-984-2
ISBN (hard cover - english)(alk. paper) 978-1-64156-186-0
ISBN (soft cover - english) 978-1-64156-242-3
ISBN (e-Book - english) 978-1-64156-293-5
Library of Congress Control Number: 2018956011

Printed in the United States of America, North Mankato, Minnesota